ECRITEAUX
DES
FESTES
PARISIENNES.

Données au Public par la Grande Troupe des Danſeurs de Corde du Jeu de Paume d'Orleans, à la Foire Saint Germain, au mois de Février 1712.

Le prix eſt de Dix ſols.

Le Public eſt averti de ne pas s'arrêter à l'ordre des Feſtes Pariſiennes raſſemblées dans ce Livre, que l'on change quelquefois dans l'execution, pour y mettre plus de goût & de varieté.

ECRITEAUX

DES FESTES PARISIENNES,

Données au Public par la Grande
Troupe des Danſeurs de Corde du Jeu de Paume d'Orleans,
à la Foire Saint Germain, au
mois de Février 1712.

PREMIERE FESTE.

LE CARNAVAL.

*Le Théatre repreſente les dehors de la
Porte Saint Antoine.*

ARLEQUIN & Scaramouche im-
patiens de goûter les plaiſirs du
Carnaval, l'appellent par un Ecriteau : *Sur le Branle de Mets.*

ARLEQUIN.

Carnaval, viens à nos Belles
Donner leur temps favori ;

✿✿✿

Bacchus fais charivari
Chez les jalouses cervelles :
Tu sçais aux yeux d'un mari
Quand tu doubles les chandelles,
Tu sçais aux yeux d'un mari
Souſtraire un Galant cheri.

Le Carnaval paroît deſcendre des nuës dans une grande Caſſerolle : deux Marmitons l'accompagnent ; l'un eſt aſſis ſur un réchaut, & tient un plat à la main ; l'autre eſt à cheval ſur une marmitte. Le Carnaval porte un baſſin de Bignets, qu'il laiſſe tomber en ſortant de ſa Caſſerolle. Arlequin & Scaramouche ſe battent à qui les mangera, & il les reconcilie en les faiſant boire enſemble. Enſuite il appelle les Amours par un Ecriteau : Sur l'air, *Cedez, Tambours, à ma Muſette.*

LE CARNAVAL.

Amours, quittez tous vôtre mere,
Volez, abandonnez Cithere,
Accourez ſur des bords plus doux ;

✿✿✿

Mille Amans suivis de leurs Belles
 Vous attendent à Saint Cloux,
Ainsi qu'au Moulin de Javelles.

Les Amours & Plaisirs descendent avec
Bacchus, & se joignent au Carnaval.

Le Bœuf-Gras arrive avec son cortege
au son des Tambours & des Trompettes. Il
est conduit par deux Romains.

Arlequin les appercevant presente un
Ecriteau : Sur l'air, *Sois complaisant, affa-*
ble, débonnaire.

ARLEQUIN.

Y pensez-vous, superbe Melpomene ?
Quoi ! vos Héros ont déserté la Scene :
  Hà !
Je voi la Troupe Romaine
A la suite du Bœuf-Gras.

Le Bœuf-Gras continuë sa marche : un
Boucher de sa suite presente un Ecriteau :
Sur l'air, *Vous qui vous mocquez par vos Ris.*

UN BOUCHER.

Bourgeois, accourez à nos cris,
 Venez voir nôtre Feste ;
 ✸✸✸
Du plus beau Bœuf-Gras de Paris

Ecriteaux
Chez-nous la mort s'apprefte :
Mais quoi ! déja bien des Maris
En ont volé la crefte.

Dès que le Bœuf-Gras & fa fuite font par-
tis, la Folie arrive conduifant une Troupe
de Mafques. Après leur entrée, la Folie pre-
fente un Ecriteau : Sur l'air, *Tu croyois, Co-
lette.*

LA FOLIE.

De mes Sujets voyez l'élite
Sur mes pas ici s'empreffer :

✳✳✳

S'ils vouloient tous eftre à ma fuite,
Je ne fçaurois où les placer.

Un François & une Amazone danfent un
Menuet, qui eft fuivi d'un Rigaudon danfé
par un petit Berger & une jeune Bergere.
La Folie montre un Ecriteau : Sur l'air, *Ne
m'entendez-vous pas.*

LA FOLIE.

Au temps du Carnaval
Que d'Epoux on maltraite ,
L'Amour fait fa recette
Tout en courant le Bal
Au temps du Carnaval.

Pierrot & Dame Gigogne dansent un Menuet.

Les danses de la suite de la Folie sont interrompuës par la Raison, qui marche gravement accompagnée du pleureur Heraclite, & du rieur Démocrite. Elle montre un Ecriteau : Sur l'air, *Réveillez-vous belle endormie.*

LA RAISON.

Vous me méconnoißez sans doute,
Vous n'estes pas faits à ma voix :
Je suis la Raison, qu'on m'écoute,
Ce sera la premiere fois.

La Folie turlupine la Raison & les Philosophes par un Ecriteau : Sur l'air,

LA FOLIE.

Voyez quel est un Sage ?
Quel air grave & discret ?
En public il m'outrage,
Il m'adore en secret :
Sous vos habits fantasques
Vous trompez mal les yeux,
Les Catons sont des Masques
Qui se déguisent mieux.

Arlequin & Scaramouche surviennent, qui donnent des rats à la Raison & ses suivans.

Ecriteaux

Les deux Philosophes donnent leurs robes
à Arlequin & Scaramouche, & se joignent
aux Masques pour chasser la Raison. La Folie arme Arlequin pour aller combattre la
Raison, & montre un Ecriteau : Sur l'air, De
Joconde.

LA FOLIE.

A la Raison, cher Arlequin,
Cours, va livrer la guerre :
Ah ! que nous ferons de chemin
Pour la trouver sur Terre.
Pour vous ne suivez point nos pas
Pour lui livrer bataille,
J'aurai toûjours trop de Soldats
En quelques lieux que j'aille.

Le Carnaval invite les Sauteurs à celebrer
un si beau jour, & finit la Feste en presentant
cet Ecriteau.

LE CARNAVAL.

Dans les beaux jours du Carnaval
Bacchus mene le branle,
L'Amour augmente le régal,
Chacun danse tant bien que mal
Et cotillon & branle ;
Mais ce n'est qu'en sortant du Bal
Qu'on danse le bon branle.

DEUXIE'ME FESTE.

Le Théatre represente la vûë du Pont-Neuf & du Cheval de Bronze.

ISABEAU paroît conduisant sa petite fille Lisette, qu'elle querelle par un Ecriteau : Sur l'air, *Réveillez-vous belle endormie.*

LISETTE répond :

Je brave l'Amour & ses armes,
J'aime peu les soins des Amans ;
Mais je conçois qu'il est des charmes.
A tromper les yeux des Mamans.

Isabeau veut emmener Lisette, qu'elle ti-raille d'un air grondeur.

Un Operateur arrive dans son Carosse, qui fait le tour du Théatre, & s'arrête. En s'ou-vrant on y voit l'Operateur, & l'Amour Saltinbanque. Ce Carosse est caractérisé par les simboles de la Galanterie moderne.

Un Païsan vient se faire arracher une dent. L'Operateur après ses lazi, montre un Ecri-teau : Sur l'air , *Je voi bien jeune Ber-gere.*

A v

L'OPERATEUR.

Qui croit n'aimer de sa vie
Des Cœurs qu'un tendre nœud lie;
Connoît peu le doux tyran :
L'Amour charlatan
Arrache une dent
A qui souvent ne s'en méfie.

Scaramouche Gouteux vient demander un
remede à l'Operateur, par un Ecriteau : Sur
l'air, *Réveillez-vous belle endormie.*

LE GOUTEUX.

La Goute qui me déséspere
A besoin de vôtre talent :
S'il guérissoit la consulaire,
Vous gagneriez bien de l'argent.

Après le lazi de l'Operateur, un petit Arlequin & un petit Polichinel dansent une
Chaconne. L'Amour Saltinbanque descend
de son Char, & étale ses Secrets par une
Cantate en Ecriteaux. Premier air sur, *Tu*
croyois maintenant Collette.

L'AMOUR.

Venez tous, venez faire emplette,
Je vends l'art de charmer les cœurs,
Je fais dispenser ma recette
Par les Banquiers & les Traiteurs.

Une jeune Bacchante de la suite de l'A-
mour Saltinbanque danse un Rigaudon.

Recit. : *Sur les Folies d'Espagne.*

Je rends piquante une Belle insipide,
Je rends leger un épais Financier ;
J'ouvre l'esprit d'un Ecolier timide,
Et le comptoir d'un avare Caissier.

Ariette : Sur l'air, *Au guay lan la.*

O l'effet admirable
    Et surprenant ,
Je sçai tout rendre aimable
    C'est mon talent ;
Mon pinceau sans rouge ni blanc
  Décore un Minois comme un Opéra :
Au guay lan la , Bergere, au guay lan la.

Danse d'un petit Satyre & d'une jeune Bacchante.

Recit.

Monstres jadis on avoit à combattre ;
Preux Chevaliers ne parvenoient qu'ainsy ;
Un Fiacre au plus à présent s'offre à battre,
Quand vous menez vôtre Infante à Passy.

Ariette : *Sur la verte Jeunesse.*

Ce n'est plus la mode
Des belles ardeurs,
L'Amour s'accommode
Au défaut des Cœurs :

A vj

12 *Ecriteaux*

Souvent par tendreße
Dans ce temps brutal,
On bat ſa Maiſtreße,
Et non ſon Rival.

Iſabeau enchantée par les diſcours de l'A-
mour, oublie les Leçons qu'elle a données
à Liſette, & demande à l'Amour un ſecret
pour attirer des Galans. Elle montre un
Ecriteau : Sur l'air, *La nuit & le jour.*

ISABEAU.

Tu réchauffe mes ans,
Amour, ton feu m'éclaire :
Ah ! fais que les Galans
Viennent encor me faire
*   L'amour*
La nuit & le jour.

ARLEQUIN.

Le fard fait les appas
D'une Sexagenaire ;
Mais ma foy ſans Ducats
On ne vient pas lui faire
*   L'amour*
La nuit & le jour.

Arlequin fait le lazi d'embellir Isabeau.
L'Amour Saltinbanque, qui est l'aimable
Tourneuse, fait ici ses exercices.

TROISIE'ME FESTE.

*Le Théatre represente au fonds la Boutique
d'un Provençal.*

LE Provençal paroît barrant la Poudre
sur l'appui de sa Boutique. Il en sort
d'un air inquiet, & montre ces Ecriteaux :
Sur l'air, *Réveillez-vous belle endormie.*

LE PROVENÇAL.

5

*La Femme, dit la Comédie,
Est le potage du mary :
Mon voisin sans que je l'en prie
Vient partager ma soupe icy.*

✳✳✳

*Pour toucher sa moitié cherie
L'Epoux a beau philosopher,
Quand cette soupe est refroidie
L'Amant seul peut la réchauffer.*

Le Provençal voyant approcher la nuit, ferme sa Boutique.

Une Boulangere amoureuse d'un Cuisinier son voisin, Amant de la femme du Provençal, vient l'épier dans la ruë de sa Maîtresse. Elle apperçoit une Bouchere aussi amoureuse du Cuisinier, & presente cet Ecriteau : *Sur les Folies d'Espagne.*

LA BOULANGERE.

Ici de nuit je fais le pied de gruë,
Je vois aussi nôtre Bouchere au guet ;
Nous nous allons enrhumer dans la ruë,
En épiant un Cuisinier coquet.

La Bouchere approche, aborde la Boulangere, & lui presente un Ecriteau : Sur l'air, *Quand le plaisir est agreable.*

LA BOUCHERE.

Vous veillez lorsque tout sommeille,
Sans travailler à vôtre pain :
Ah ! vous ferez croire à la fin
Que l'Amour vous éveille.

Les deux Rivales, animées par l'Amour jaloux, se battent, se décoëffent, & se raccommodent par cet Ecriteau : Sur l'air, *Tu croyois en aimant Collette.*

LES RIVALES.

Pour un Faquin qui nous offense,
Faut-il gâter nos affiquets ?
C'est trop honorer l'inconstance,
Que de déchirer nos bonnets.

Elles apperçoivent le Cuisinier qui vient donner une Serenade à sa Maîtresse, accompagné de deux de ses Garçons, & se cache pour l'observer.

Le Cuisinier après les lazi nocturnes, presente un Ecriteau : Sur l'air, *Quand le peril est agreable.*

LE CUISINIER.

Vous qui des Parfums de Provence
Débitez ici les odeurs,
Ne versez que sur mes ardeurs
Vôtre amoureuse Essence.

Le Cuisinier fait danser ses Garçons, tandis qu'il observe la maison de sa Maîtresse.

La Boulangere & la Bouchere sortent l'une après l'autre, & le Cuisinier les prend alternativement pour la Provençale. Il fait le lazi de les caresser ; elles lui donnent chacune un soufflet, qui le masque plaisamment ; & ensuite prenant un bâton, lui font la reve-

rence, & presentent cet Ecriteau : Sur l'air,
Réveillez-vous belle endormie.

LES RIVALES.

C'est avec un chagrin extrême
Que de bois je vas te charger :
Quand il faut rosser ce qu'on aime,
Qu'il en coûte pour se venger.

Elles lui donnent la bastonnade, & s'en
vont.
La Provençale paroît deshabillée : ce qui
console le Cuisinier des coups qu'il a reçûs.
Ils montrent chacun un Ecriteau.
Le Provençal qui est caché surprend sa
femme & le Cuisinier. La Provençale se sauve. Arlequin vient séparer le mary & le
Galant, & montre un Ecriteau : Sur l'air,
De Joconde.

ARLEQUIN.

Fy donc l'on ne se fâche plus
Dans ce temps débonnaire,
Et les Maris qu'on fait Cocus
Prennent fort bien l'affaire ;
Il n'est plus de chagrin mortel
Dans l'Epoux qu'on diffame,
Il devient le Maître d'Hôtel
Du Galant de sa Femme.

QUATRIE'ME FESTE.

Le Théatre represente un Hôtel, avec cette Inscription : Hôtel des Trois Dez.

DÉs Joüeurs de toutes sortes entrent précipitamment dans l'Hôtel des Trois Dez. On ouvre la Ferme, & on les voit à differentes Tables remuant le Cornet & les Dez.

Une Femme dont le Mary se ruine au jeu, vient le retirer du jeu, & presente cet Ecriteau : *Sur l'air, Absent de Climene.*

UNE BOURGEOISE.

Quel Mary peu sage !
Quel dissipateur !
Le fou dans sa rage
Joüeroit jusqu'à mon,
Ta leri leri lera la la la lire,
Joüeroit jusqu'à mon cœur.

Un Financier prie un Filou de le mettre de moitié, par cet Ecriteau : *Sur l'air, Lere la lere lan lere.*

LA DUPE.

Monsieur, faites-moi l'amitié
De me recevoir pour moitié
Dans le gain que vous allez faire,
Lere la lere lan lere, &c.

Le Filou accepte le parti, joue & gagne, met l'argent blanc sur la Table, & avale les Louis d'or. Un Joueur qui s'en apperçoit, montre cet Ecriteau : Sur l'air, *Amis, sans regretter Paris.*

UN JOUEUR.

Ce Filou sçait plus d'un métier,
Quel Chymiste admirable !
Un Louis d'or dans son gozier
Devient de l'or potable.

On fait venir l'Operateur pour donner un remede au Filou, qui lui fait vomir les Louis d'or, & font leurs lazis ; & l'Operateur presente un Ecriteau.

L'OPERATEUR.

Un Oublieux joue & perd. Arlequin dé-

guifé en Oublieux fait avec lui des Jeux de
Théatre, amufans. Enfin les Joüeurs fe que-
rellent, & font féparez par Crifpin qui leur
donne un divertiffement.

    Danfe d'une Bohemienne. On préfente
deux Ecriteaux.

UN JOUEUR.

De Plutus & du Dieu des Cœurs,
Il faut dérober les faveurs :
Amans, on vous ballotte, hé bien,
Si vôtre art n'efcamotte,
Vous m'entendez bien.

Tandis qu'aux Trois Dez un Epoux
Perd fon argent & fes bijoux,
Sa Femme mieux lotie, hé bien,
Tient une autre partie,
Vous m'entendez bien.

    La Loure des Joüeurs. Un des Joüeurs
préfente un Ecriteau : Sur l'air, *Tu croyois*
en aimant Collette.

UN JOUEUR.

Lors qu'un Bourgeois au jeu s'engage,
Il y perd fon bien le plus net ;
Mais la Corne le dédommage
De ce qu'il perd par le Cornet.

Les Joüeurs ſe retirent, & Criſpin re-
mercie la Compagnie par cet Ecriteau.

CRISPIN.

Qu'à ſe raßembler dans ce lieu
Chacun de vous s'empreße,
Vous aurez bon gîte & bon feu ;
Mais daignez vous ſerrer un peu ;
Nous aimons fort la preße,
Meſſieurs, on vous joüera beau jeu,
Apportez de l'eſpece.

APPROBATION.

J'Ay lû par ordre de Monsieur le Lieute-
nant General de Police un Manuscrit
François, qui a pour Titre, *Les Festes Pa-
risiennes*, données au Public par la Grande
Troupe des Danseurs de Corde au Jeu de
Paume d'Orleans, &c. dont on peut per-
mettre l'Impression. A Paris, ce trentiéme
Janvier mil sept cent douze.

PASSART.

PERMISSION.

VEu l'Approbation du Sieur Passart :
Permis d'imprimer. A Paris, ce trentiéme Janvier mil sept cent douze.

M. R. DE VOYER D'ARGENSON.

1

www.ingramcontent.com/pod-product-compliance
Lightning Source LLC
Chambersburg PA
CBHW070117300326
41934CB00035B/2893